世界初の柔道の
"足技"だけの
教科書

動画（QRコード）でよくわかる！

はじめに

　柔道の技術書において「背負い投げ」「内股」といったダイナミックな投げ技を解説した本は多いが「小内刈り」「小外刈り」「足払い」といった小技に特化して専門的に解説した書籍は、過去にない（ひょっとしたら存在するかもしれないけど、少なくとも、映像つきの作品はない）。

　一方で、それらの足技には「力に頼らない＝小よく大を制しうる」「繊細なテクニックがあってこそ成功させることができる」「高齢の熟練者、すなわち"達人"が得意とする」「レスリングなど他国の組み技競技ではあまり多くはみられない、我が国の柔道ならではの技術」というイメージがある。

　相手の足運びや重心移動のタイミングに合わせてカウンターを取る（浮いた足を払ったり、体重の乗った足を刈ったりする）ことで、力を使わずとも敵を木の葉の如く宙に舞わせる……いかにも武道らしい技の理合いを紐解くことは、書籍だからこそ可能な表現ではないか。

　そんな思いから、本書を企画し、鈴木桂治・男子柔道パリ五輪日本代表チーム監督に執筆をお願いしたわけだが……。足技を武器に、全日本選手権、世界選手権、オリンピックの頂点に立った鈴木監督が述べた技術論は、こちらが抱いていた足技に対するイメージを根底から覆すものであった。

　要諦は、力を使わず掛けることでもなければ、浮いた足を払うことでもなく、体重の乗った足を刈ることでもなかったのだ。

　では、いったい、足技はどのようにして成功させるものなのか？答えは、9ページからの「理論編」でご確認を。そして19ページからの「実技編」の写真と動画により習得に結び付けていただきたい。

2023年12月　ベースボール・マガジン社　武道・格闘技書籍編集担当

©GettyImages

 「力を使わず掛ける」でも
「体重の乗った足を刈る」でも
「浮いた足を払う」でも、ない。
では、足技の要諦とは何なのか？

答えは9ページより。

CONTENTS

実技編❹　組み手の技術・練習法…153

PROFILE

著者 鈴木桂治（すずき・けいじ）

1980年生まれ、茨城県出身。幼少期より柔道に親しみ、小学生のときには並行してサッカーにも取り組む。国士舘大学入学後は、斎藤仁（1984年ロス・1988年ソウルオリンピック95kg超級金メダリスト）監督のもと技術を磨き、2004年アテネオリンピック100kg超級金メダル、世界柔道選手権100kg級・無差別級優勝、全日本柔道選手権大会4回優勝。2021年9月には全日本代表チームの監督に就任。国士舘大学体育学部・教授。右利き・左組み。身長184cm。体重100kg。小外刈、小内刈などの足技を得意技とする。

共著者

吉永慎也（写真右・国士舘大学柔道部監督）
成田泰崇（写真左・国士舘大学柔道部コーチ）

技の受け役

中村朝陽（国士舘大学柔道部）
半戸大夢（国士舘大学柔道部）

制作スタッフ

制作協力：株式会社あずさ
協力：武藤靖
書籍デザイン：ギール・プロ　石川志摩子
構成：長谷川亮、編集スタジオとのさまがえる
映像制作：鳴海　雅和・木川　良弘（Image Team）
スチール撮影：馬場高志

※「ケンカ四つ」「相四つ」といった表現は俗称であり、柔道における正式な名称ではなく、また「小外刈り」「小内刈り」「支え釣り込み足」といった技名の表記は正式には「小外刈」「小内刈」「支釣込足」でありますが、本書においては、広く親しまれている表現・表記であるそれらの語を用いています。また、場合により「小外」「小内」といった略称も使用しています。

動画のみかた

［ 動画内容と視聴方法 ］

映像は、すべて、本書のためにあらたに撮影・編集したものです。本書で紹介している技術のなかで、著者によるお手本を映像で視ることでより理解が深まると思われるものに関して、その技術の掲載スペース内にQRコードを添えています。QRコードを、スマートフォンやタブレット型パソコン等付属のカメラで撮影することで読み取り、映像を視聴してください。

［ 動画に関する注意 ］

映像は、インターネット上の動画投稿サイト（YouTube）にアップしたものに、QRコードを読み取ることでリンクし、視聴するシステムを採用しています。経年により、YouTubeやQRコード、インターネットのシステムが変化・終了したことにより視聴不良が生じた場合、著者・発行者は責任を負いません。また、スマートフォン等での動画視聴時間に制限のある契約をされている方が、長時間視聴された場合の視聴不良等に関しても、著者・発行者は責任を負いかねます。

理論編

この書籍で
紹介している技術が、
どのようにして
創られたか？
そして、足技の要諦
とはなにか？

足技に必要な踏み込みの位置・バランス・リズム・足運びはサッカーで身につけた

　私が足技の重要性について考えはじめたのは、大学に入ってからです。中学・高校では、指導して頂いている先生から「足技が上手いな」「小外刈りが上手だ」という風に言われることがありましたが、足技で一本を取ろうという意識まではありませんでした。

　後述しますが、足技で一本を取るためにどういうことをしていけばいいのか、本気で考えるようになったのは、大学に入って斎藤仁（ロサンゼルスオリンピック・ソウルオリンピック 柔道男子95kg超級金メダリスト）先生と出会ってからなのです。

　一方で、私が足技を得意とするに至る源泉が、幼少期からの環境・経験にあったことは間違いありません。

　私は、小さい頃からサッカーをやっていて、小学校時代は放課後、サッカーチームに通い、帰宅して食事、7時過ぎから柔道の道場へ練習に行って、宿題などの勉強は朝5時半に起きて（起こされて）やるという生活を送っていました。

　柔道は左構えですが、ボールを投げたり蹴ったりするのは右利きです。ただ左足での足払いを柔道でやっていたので、小学生の時点で、両足とも使える状態になっていました。

　足技はどこに足を掛ければいいか、ということだけではなく、1歩目の踏み込み、軸足のパワーという2点もまた、重要です。その踏み込みのパワーが、私の場合は右脚・左脚どちらでも一緒、もしくは左足の方が少し強いぐらいに感じるほどで、その点に関して、サッカーをやっていてよかったと思っています。

　踏み込みの感覚・タイミングはサッカーと一緒ですが、この感覚がない選手が多いのです。サッカーボールの隣……適切な位置に軸足を置かないとボールのいいところに蹴り足が当たりませんが、これは足技も一緒で、軸足が相手の刈ろうとしている足に対していいポジションにないと足技は掛かりません。軸足の置く位置が非常に大切だと思います。

　足技が上手くなって足技で勝てるように

©GettyImages

Jリーグのイベントにて、試合に参加した際の著者（2011年）。

なってから足技の話をすることが多くなり、何が活きているのか改めて振り返ったら、サッカーで学んだ足を置く位置という要素がとても大きくありました。実際にサッカーをやっていた小学生の頃は全くそんなことは思いませんでしたが、足を置くべき位置が感覚として分かるのです。

　いま自分が指導する場合も、軸足を踏み込む位置を重点的に教えます。「足がここにあった方がやりやすいでしょ？」「足がここだと全く効かないよね」という感じです。足技では軸足の位置が絶対に重要です。

　サッカーをしっかりやっていたのは小学５年生ぐらいまでですが、柔道選手としての現役中も友達に呼んでもらって積極的にサッカーやフットサルに参加していました。リズム感などの点でも、柔道と共通するところがあるのです。全日本選手権の際に駐車場でサッカーボールを蹴ってパスをし合ってから会場に入ったりしていましたし、全日本のコーチになってからも、リズム感と当て勘を養うために強化選手同士でパスをさせ合うトレーニングを、合宿で実施していました。

　以前にも増して今は、柔道に取り組む子どもたちの練習量が多くなっていると思いますが、私の場合は柔道の練習の合間に親がサッカーや野球、釣りなど、好きなことをある程度やらせてくれました。もちろん、いろんなことをやりながら軸が柔道にあることにブレはなかったのですが、成長段階でいろんな経験させてもらえたことは大きかったし、特に球技の経験はリズムとバランス、相手との距離感覚などの面でとても役立ちました。

　足技にステップ（足運び）やリズム感は特に大事なものです。サッカーであればボールを蹴るのも受けるのにも必ずリズムがあります。例えば、あと何秒でボールが足元に来る……その瞬間を待つ感覚。そういうタイミングを計る感覚が身につきますし、他の競技でもそれぞれに柔道に役立つ要素があるのでしょうから、特に少年期には、いろいろなスポーツ、身体活動を経験することが有益だと思います。

斎藤仁先生との出会いで衝撃を受ける。
「足技に大事なのは、まずは威力！」

　背負い投げで一本取ろうとするなら、背負い投げの打ち込みを何回もしますよね。足技でいえば足払いの打ち込みを何回もすることが必要になる訳ですが、高校まではそういう発想がありませんでした。やってもただ足を動かしたり、軽い反復運動ぐらいで、あとは乱取（試合形式の練習）のなかで磨くという感じで、打ち込み練習（フォームづくりの反復練習）のメニューの中に足技は入れていませんでした。

　そんな私は、国士舘大学で斎藤先生にお会いし、衝撃を受けることになります。

先生は私の前に立ち、脚を出されて「思い切り足払いをしてみろ！」と仰ったのです。

　それで私は、少し戸惑いながらバチッ！と、かなりの力を込めたつもりで足払いを掛けたところ「そんなんじゃ少しも足は動かねぇ！」と叱られ、全力でもう一度バチン！とやっても「まだまだ！」と。それでさらに必死の思いでバッチーン‼とやったら「痛ぇ……」と呻かれつつ「そうだよ！　それぐらいの威力が必要なんだよ！」と言われたのです。"いったいオレは何をしてるんだろう？"と思ったところはありましたが（苦笑）、先生が身を挺して「技の威力が足りないから相手を投げることができないんだ」と教えて下さっているのだということはひしひしと感じられました。

　そして「一つの得意技として技を磨くんだったらやっぱりそれなりの時間を使わなければならない」「足技にしっかり時間を入れていけ」という言葉を頂き、足技に対しての考え方がガラリと変わりました。

　それからというもの、練習相手にサポーターを付けてもらい、自分の足が真っ赤になって、相手も脚にアザができるぐらい、ひたすら打ち込みをやりました。相手が崩れていても、技の威力がないと投げ切れないので、やはり技に威力があることが第一条件なのです。その第一条件がクリアできているうえで、足を当てる場所、足でキャッチする感覚を掴み取ることが、足技を成功させるための第２ステップ。そこまでが達成できてこそ、次に動きのなかで技を掛けられるようにして、バリエーションを増やしていく。こういった段階を踏んでいくことが肝要であり、もちろん、最終的にはタ

©GettyImages

©GettyImages

豪快な投げ技からテクニカルな関節技まで、オールマイティーに使いこなし、1984年ロサンゼルス、1988年ソウルとオリンピックを連覇（柔道男子95kg超級金メダル）した斎藤仁。現役引退後は国士舘大学柔道部監督として、本書著者をはじめ、多くの名選手を育て上げた。2015年逝去。

イミングだとか、自分の足のどこを当てるか、相手の足のどこに当てるか……といった要素も合わさってくるわけですが、やはり、それ以前に技の威力が絶対に大事だということです。

「大事なのは、まずは威力」という斎藤先生の足技指導こそが私の礎であり、今、学生の指導にあたる際には「足技は蹴るぐらいのパワーを使え」と、師の理念を引き継ぐかたちで声を掛けています。

足技に必要なフィジカルトレーニングとは？

では、その足技に必要なパワーを身につけるために何をしたか？

私は小学校の頃、すごく走り込みをしていて元々下半身がガッチリしたタイプでした。なのでスクワットをガンガンやって脚を太くするのではなく、階段、坂の走り込み、瞬発力、リズム、バネを磨く種目をメインにやっていました。20m程度の距離のダッシュや、スタートラインに5人ぐらい並んで、ペットボトルに石を入れたものを10mとか15m先に投げて「ドン！」と合図があったら走って、ビーチフラッグのようにペットボトルを奪い合うといったものです。これは瞬発系のトレーニングで投擲の選手がよくやるものですが、とにかく瞬間、瞬発的に反応するメニューというものをやっていました。

他にはハードルを高い位置で設定して、助走なしで両足でジャンプして、ひたすら10個ぐらい跳んでいく。幅跳びとかボックスジャンプもやりました。脚をしっかり引き上げる、伸ばすことができるよう、足を動かす種目を重視していたわけです。

陸上競技（ハンマー投げ）の室伏広治さんのトレーニングを参考に、筋力とともに柔軟性、瞬発的な力を養うことを目指していて、他にはハイクリーンとかスナッチなど、とにかく全身の協調性を使って爆発的に引き上げるトレーニングを多くやっていて、ベンチプレスなどには深く取り組みませんでした。

足技を身につけるための練習内容とは？
必要なのは、意識づけと根気強い取り組み

足技は"当てて掴む"感覚で掛けます。そーっと行っても逃げられてしまうので、ダンと当ててしっかり掴む感覚です。当てるのは足の裏ではなく、足首内側からスネの下部で、足首を曲げて固めて、相手の足をキャッチすると言っています。挟まれることで相手は脚がピーンと伸び切りそのまま倒れていきます。

私も最初はそのような感覚がありませんでしたが大学時代の後半、4年生ぐらいで

この感覚ができてきました。斎藤先生はすごくたくさん課題を出されて、「今日の乱取りは足技しか使っちゃダメ」「今日は小内刈りで10回投げろ」といった具合で、それをずっとみられていて、課題をこなすまで練習が終わらないのです。

　何かを極めたいならそういう練習も必要だと思います。私は足技を極めたかったし、斎藤先生も極めさせようと思ってやっていたので、苦しい内容ではありました。それは意識づけの意味もあったのだと思います。選手がどれだけその技に気持ちを込めているのか。指導する側がどれだけその技を覚えてほしいと思っているのか。そういったことを意識させることも大事だと思います。1日2日で覚えられることではないので、指導者も根気強く、選手も根気強くやることが必要なのです。

　足技の打ち込みや反復練習をどれくらいするか、という点に関しては、その技を選手自身が必要とするかしないかによると思います。そのあたりに関しては、私の指導において、生徒に強制していません。自分の柔道に繋がると思えば自ずといろんなことを考えるでしょう。リズムやテンポといったものを考える選手もいると思います。私自身はそういうことを意識してやっていましたが、それが絶対全員に必要だということを言うつもりはありません。

　自分の足の当てたい箇所をいかに相手の適した場所に当てるか。そのために私はずっとサッカーボールを蹴っていました。サッカーの当てる、蹴るという感覚はすごく柔道に活きていると思います。

　ボールを止めて蹴るのではなく、相手が蹴ったボールを自分でタイミングを取ってピンポイントで合わせて蹴る。止まったボールだったら誰でも蹴れますし、当てたいところに当てられますが、動いてきたボールをトントントンと歩数を合わせてダイレクトに返すには、経験を積み重ねることが必要です。

　動きの中で相手の動きと自分の動きがマッチした時に技を繰り出した方が強い威力を生み出せるので、そのタイミングを取る練習が大事なのです。私は足技の中でタイミングを一番大事にしていて、タイミングを取るためにリズムを取るということです。そのリズムとタイミングの感覚を養うのにサッカーは最適ですし、他にエアロビクスもやったりしました。

足技の基礎ができたら「タイミング」と「決め」「バリエーション」を磨く

　足技でも重量級と軽量級では技が違ってきます。やっぱり重量級はパワーの足払い、なたをバーンと振り回すような足払いが多いです。すごく威力があるので軽い選手は吹っ飛んでしまいます。それも重量級ならではの、その選手に合った一つの手でしょう。ただ、私の場合は動いて動いてステップを踏んで、相手とだまし合いのような感覚で掛けていました。私がやっていたやり方は、面倒だとは思います。

　足技は繊細で奥が深いです。髙藤（直寿、2021年東京オリンピック60kg級金メダリスト）も足技が上手いので、見ていて勉強になります。自分もやっていたことを髙藤がやっていると"やっぱり、そうなんだな"と思いますし、彼の足技は軽量級ならではで、なかなか重量級の選手は真似できないものもあるので、"スゴいな""そういうこともできるよな"といったことを思うこともあります。

　例えば、重量級、150kg・160kgの選手に思いきり足払いをしたら、おそらく多くの人は内側靭帯を怪我してしまうと思います。これは私も経験があって、足技にもリスクは伴うものです。怪我が少ないイメージがありますが、ポジションを間違えたら足首も膝も怪我をする可能性はあるので、タイミングをしっかり計ることです。私に

©GettyImages

アテネ五輪でトメノフ（ロシア）を破り優勝を決めた瞬間（2004年）。

15

は"足払いを掛けたら相手の足首にバーンと当たってそのまま裂けて指を解放脱臼、すぐ病院に行って縫合した"といった経験があり、足の人差し指などは、何回も脱臼をしています。足技にはそういったリスクもありますが、それぐらい強く技を仕掛けねば、投げることはできません。従って、それぐらいの覚悟を持って挑むことも大事です。もちろん正しいタイミングやポジションを覚えてくればケガをするリスクは減りますが、足がチョコンと当たるぐらいの技では相手も動じないので、相手がイラッとするぐらい強く技を掛けることも大事です。

　大外刈りのような技に関していえば、いろいろな掛け方があるとはいえ、スタンダードなやり方で、パワーを十分に発揮すれば、安定した状態で止まっている相手も投げることができます。

　それに対し、足技に関しては、着地する瞬間、もしくは畳から離れる瞬間の足に技を掛けなければ、相手のバランスを崩し切ることは難しく、完全に畳から離れて浮いた足を払っても、逆に体重が乗って安定した状態にある足を刈っても、成功率は高まりません。

　そして「相手の足が着地する瞬間」「相手の足が畳から離れる瞬間」のタイミングを捉えるためには「自分が動いて相手を誘う」「相手の動きに自分が合わせる」という二つの方法が考えられます。

　足技を成功させるためには当てるパワーはもちろん大切ですが、相手のバランスを

小内刈で相手を崩す髙藤直寿

©GettyImages

崩す段階において、上半身に関してパワープレーはないのです。ただし、相手の足を刈った後の「決め」は必要。つまり、順序として、まずは「威力」などの基礎を磨くことが前提で、基礎が出来上がった後に習得すべきものが「タイミング」と「決め」だということです。「決め」が甘いために相手が腹ばいになってポイントなし、取っても技ありにとどまったりと、「今のはもったいない！」「今のは一本取れたのに！」という結果に終わっている事例を多くの試合で見受けます。

足技を掛けて相手に腹ばいになられて凌がれた選手に対し「もう1回！」といった檄が飛ぶシーンを見かけますが、足技のチャンスは試合の中でそんなに何回も来る訳ではないので、ワンチャンスをどれだけものにできるかということがとても大切です。同じ足技は試合に1回限り。それくらいの気持ちを込めないと、成功には至りません。そこで必要なのが「バリエーション」ということになります。1つの足技に失敗したら、異なる足技を掛け、その後にもう1度、最初の足技に戻ることは成功に繋がる可能性を広げます。バリエーションを増やさず、1つの足技だけで勝負しようとすると、すぐに限界が来ます。

私の一択。「タイミングは "合わせる" のではなく、自分で作る」

前述のとおり、足技は置かれた足をいかにズラすかがその骨子であり、相手の足が着地する瞬間をとらえるのが「匠の技」といえるでしょう。長きに渡り稽古を積まれてきた師範の方々はその方法にも長けているのだと思います。

ただ、現代の柔道の試合ルールの中で闘っていくことに限定して考えた場合、よいタイミングが到来するのを待っていては、時間が経過してしまい、勝利が遠のいてしまいます。"後の先" ももちろん良き柔道ですが、カウンター狙いは、消極的な姿勢に対する評価が厳しい現行ルールでは、リスクも大きいのです。そのため、まずは「そこに置いてある（安定している）」相手の足にドーンと当てて弾いてズラし、リアクションを生じさせ、そこからコントロールを始めることを推奨します。力を使わないような巧みな足技もあるわけですが、現行のルールで勝利を重ねるためには、待つ柔道になってしまってはダメ。タイミングの到来を待たず、自分でタイミングを作っていく、その一択ということです。そして、その「相手の足にドーンと当てて弾いてズラす」ためには、まずはパワー、技の威力が必要だということ。タイミングも相手のリアクションも全部自分で作り上げていくということが、私が辿り着いたただひとつの理想です。

ケンカ四つの場合は離れながらでも足が出ますが、相四つに関してはあまり離れて

アテネ五輪表彰式。黄金の月桂冠と金メダルを身に纏い、国歌を聴く（2004年）

掛ける技はないです。そのため、相四つの場合はどうしても近づくのでリスクは上がります。

でも、そういう"これ以上行ったら危ないんじゃないか"みたいな、ギリギリのところを攻めることも、また面白いものです。そういった遊び心のある人が足技は上手いような気はします。前述の髙藤なども、勝負を楽しむ選手であり、その点で足技に向いていると思います。力を抜かなきゃいけないので、ガチガチの柔道スタイルだと足技は出ないです。力を抜けない選手は足技はできないかもしれません。

足運びにしても、旧来の柔道に関する漫画や小説などの創作物を通じ"すり足でスッと歩を進めて掛ける"といったイメージが、柔道の技にはあるかもしれませんが、実際には跳ねるような重心の上下するステップでの移動も併用します。

また、1つの組み手の形から3つも4つも違う技を掛けるということはないので、状況に応じ、自分の掛けたい技のために、臨機応変に組み手を変えることも大事です。時には足技がタイミングよくカウンターで掛かる場合もありますが、それをもう1回やれと言われたときに再現できる率は低いのです。確実性を高めるには、自分で崩し、自分でタイミングを作って、何回でもできるようにしていくということです。自分でタイミングを作るのであれば、崩し方が自分で分かるので、再現率を高めることができきます。

足技で一本を取るという考えを持ったのは斎藤先生に「お前は足技が上手いんだから、もっと足技を磨け」と言って頂いたからです。そこから工夫をして、先輩・後輩に協力してもらったり教えてもらったり、多くの協力を得てこそ、私の技は大きな舞台でも決まるようになったわけですが「自分で考えてみつける」ことなしには、そこに至らなかったのも確かでしょう。

乱取をしている中でみつけたものもありますし、一人打ち込みをするなかで"こうしたら効くかな"とか"これって無理かな"と検証をしたり、誰か人がやっているやり方をみて盗んだりもしました。そうやって常に考えていると、無限にアイデアが出てきました。もちろん中には使えず、ボツになったアイデアもあります。それでも一心不乱に磨き続けたからこそ、足技に特化した考えを持つことの希少性と相まって、一本を取れる技になっていったのだと思います。

——最初にパワーありき。そして、技を掛けるためのタイミングも、相手のリアクションも、すべて自分で作り上げていく。それが私が辿り着いた足技の要諦です。

実技編❶

ケンカ四つ
からの
足技

ケンカ四つ
での
小内刈り

ケンカ四つでの小内刈りは円の動き、
あるいはサイドステップから強弱をつけ、スピードに乗って入る。
自分よりも大きい相手やあまり動きのない相手に対し効果的な技となる。

Check!

［1］
2歩での小内刈り

① 構えから

② 右足を右サイドに踏み出し

③ 左足で相手の奥足を刈り

④ 後方へ

※左足は足裏をべったり着けず、爪先を浮かせて相手の足が引っ掛かりやすいようにする

⑤ 倒す

ケンカ四つでの小内刈り

21

① 構えから

② 右足を素早く右に踏み込み

③ 左足を相手の左足の後ろへ送り

④ 相手を後方へ

⑤ 倒す

Comment

「相手が自分と同体格、あるいは小さい場合はこのように直線的に、素早く小内刈りを掛けます。スピードがある相手にゆっくり入ると反応していなくなり、技が掛かりません。相手が警戒していなくなられる前に掛ける、素早さを意識します」

エアー実演

横から

後ろから

[2]
3歩での小内刈り

① 構えから

② 素早く左足を右足に寄せ

③ 右足を右サイドに送り

④ 3歩目の左足で相手の左足を刈り

※やはりここでも左足は爪先を浮かせ、相手の足が引っ掛かりやすいようにする

⑤ 後方へ

⑥ 倒す

👁 別角度からみたところ

❶ 構えから

❷ 素早くスッと左足を右足に寄せ

❸ 右足を外側に踏み出し

❹ 左足を相手の左足の奥に置き

❺ 後方へ

❻ 倒す

Comment 「自分より大きい相手には3歩で入って小内刈りを掛けていました。
横に動くことで相手の力がフワッと抜ける感覚があり、そこに入って技を
掛けます。横へ動くことが空間の崩しになっています。大きい選手は
あまり警戒心と反応がないので、3歩にすることで技の威力を増しています」

25

エアー実演

横から

※「3歩での小内刈り」だが、実際は予備動作として
1歩目の前に右足を小さく右側へ運ぶ

逆側から

※右足を右サイドに送ってから　　※左足を寄せる1歩目に入る

［3］
刈り足を止める小内刈り

Check!

構えから

右足を小さく前方へ進め

左足を相手の足の奥に置き

相手を押して

後方へ

倒す

Comment

「髙藤（直寿）がやるような小内刈りです」

👁️ 別角度からみたところ

❶

構えから

❷

少し前かがみになって右足を小さく前に進め

❸

左足を相手の足の奥に送り

❹

相手を押して

❺

後方へ

❻

倒す

エアー実演

横から ━━━━━━━━━

※右足を小さく前足に寄せてから

後ろから ━━━━━━━━━

※右足を相手に気づかれないぐらい
小さく寄せてから小内刈りに入る

29

Point

スネを押しつけロックする

小内刈りの際、足を置いただけだと

脚を外され

逃げられてしまうので

足を止めた後で爪先を上げ

スネを押しつけるように
「カチッとロックする」

そうすると相手に足を抜かれず

倒せる

① 指差しているスネの部分で

② 相手のふくらはぎを押す。
「このロックがないと相手に足を引
かれ逃げられてしまいます」

小内刈り上半身の注意点1

小内刈りの後、
道着を広げるように持っていると

相手が体を離して

逃げていってしまうので

相手を小さく凝縮
させるイメージで

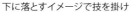

下に落とすイメージで技を掛け

倒す

31

小内刈り上半身の注意点2

相手に対し上から持つと、

腕を張られて中に入れず
小内刈りに入れない

胸を張って防がれないよう、
相手の腕を弾き中に入って下から掴み

相手をギュッと凝縮させて技を掛ける

相手に対し上からの
組み手になった場合は

相手の肘を曲げるように
グッと引き寄せ

引き手もしっかり取って
相手を凝縮させて掛けていく

ケンカ四つ
での
支え釣り込み足

間合いを取ってくる選手、逃げ腰の選手に有効な技となる。
タイミングが大事だが、威力が不十分では掛からないので、
しっかり脚を伸ばして間合いを取り、技に威力を生み出していく。

Check!

[4]
通常の支え釣り込み足

① 構えから

② 右足を大きく踏み出し

③ 相手の左足の前に置く

④ 左足を

⑤ 相手の右足（低い位置）に掛け

⑥ 相手を回していき

⑦ 倒す

👁 別角度からみたところ

① 構えから

② 右足を大きく踏み込み、相手の左足前に置く

③ 左足を出し

④ 相手を回していき

⑤

倒す

エアー実演

［5］
鈴木流支え釣り込み足

構えから

右足を通常の支え釣り込み足より

深く踏み込み

相手を回すようにして

左足を掛け

そのまま相手を

横に振って

倒す

別角度からみたところ

構えから

左足を小さく前に送り

右足を大きく踏み込む

左足を出しながら自分の体を回していき

相手に左足を掛け

そのまま相手を回して

倒す

「通常の支え釣り込み足のように
足だけではなく、体を使って投げます。
遠心力を使うので通常の掛け方より威力が出ます」

エアー実演

横から

※大きく入る1歩目の前に
左足を小さく進める

後ろから

Point

一歩目を遠くに置く

一歩目の右足を遠くに置くことで

相手の脚に当てる
左足の当たりを強くし

より遠心力を使うことができる

最初に構えた位置から

しっかり深く踏み込むのがポイント

逆サイドから

深く踏み込み

足を掛け回していく

Comment

「大きい相手はなかなか崩れませんが、
この技で回すことにより崩せれば、
逆に大きい方が投げやすくなります」

支え釣り込み足での足のつけ方

足の側面部分を相手の脚に当てる **OK**

足の裏をつけてしまわない **NG**

写真で指さしている窪
んだ部分を当てると相
手の脚にハマってよい

OK

足の側面を当てるようにすると
脚が伸びて刈り足に力が入る

NG

逆に足裏をつけると脚が曲がってしまい
刈り足に力が入らなくなってしまうので注意する

ケンカ四つでの小外刈り

しっかり組んで攻めてくる、
正攻法の柔道を取る相手には有効となる技。
自分から積極的に動いて技のタイミングを作っていく。

［6］
左足から入って3歩での小外刈り

構えて

左足から入り

右足を寄せ

相手の右足の横まで進め

左足を振り上げ

刈り

相手を引き倒し

投げる

👁 別角度からみたところ

構えから

左足を進め

右足を寄せ

相手の右足の横まで進め

左足を振り上げ

刈り

相手を下へ引くように

倒す

エアー実演

横から

後ろから

［7］
右足から入って2歩での小外刈り

① 構えて

③ 軽く跳んで右足を
相手の足の横に移動

※②
やや前のめりになり
踏み出す準備をする

④ 左足を振り

⑤ 刈って

⑥

⑦ 投げる

構えて

やや前のめりになり踏み出す準備

軽く跳び右足を相手の足の横へ

左足を振り

相手の前足を刈り

倒す

エアー実演

横から

後ろから

2歩での小外刈りの注意点

小外刈りを仕掛ける際、内側でなく外側を通るようにステップすると
相手に察知され足を引かれて技を掛けられないので注意する

相手に察知されないよう素早く内側をステップし、刈り取って倒す

小外刈り2歩と3歩の使い分け

実演：成田泰崇

大きく安定感のある相手に2歩で小外刈りを仕掛けると、崩しや技の威力が足らず、相手に合わされたり掛からない場合がある

そのため自分より大きい相手に小外刈りを仕掛ける場合は3歩で入る。逆に軽量で反応がよくスピードある相手には2歩で入る

Comment

「大きい相手を倒すには
威力が要るので1歩多くなります。
1歩多い方が技の威力が増します」

小外刈りの動作の順序と上半身の使い方

相手を引き寄せ

技を掛けても

相手の体重が脚に乗ってしまって
おり技が掛からない

そのためまず

足を払い

相手の脚が浮いた
ところで手を下げ

相手を倒す

相手の足が浮いたら
指さしている肘を

地面へ落とすように
（右腕でやっているように）

引いて

相手を倒す

小外刈りの重心操作

① 小外刈りの際は

② 相手を手で押し後ろ足に体重を移動させ

③ 軽くなった前足を刈り

④ 下に引き落として

⑤ 倒す

小外刈りの引き手

① 引き手をしっかり持ってないと

② **NG** 相手に逃げられてしまうので

③ しっかり持って技を掛け

④ **OK** 倒し切る

小外刈り上半身の注意点

小外刈りを掛ける際は上から持つと
相手を崩しにくいので

下から持った方が相手を崩しやすく技を掛けやすい

上からの組み手になった場合は

グッと引き寄せ相手の腕を折る

あるいは両手で取って

引きつけ技を狙っていってもよい

ケンカ四つ
からの
特殊な小外刈り

小外刈りは相手を投げるのはもちろん、試合の流れを変えたり、
相手のリズムを崩すためにも有効となる。
小外から技を連係、あるいは違う技から連係して小外で仕留めてもよい。

Check!

［ 8 ］
止めて挟む小外刈り

構えから

左足に体重を移し

右足を送り

左足を相手の足の奥に置き

後方へ崩して

倒す

👁 別角度からみたところ

構えから

左足に体重を移し

右足を前方に送り

左足を

相手の足の後方に置き

後ろへ崩して

倒す

エアー実演

後ろから

横から

Point

引き手は肘の外側を持ち、離さない

① せっかく小外刈りで足を払っても

② 引き手の握りが甘いと相手に体を引かれ逃げられてしまう

③ 止める小外刈りでも袖を離さず

④ 決め切ることが重要となる

「最近は袖の先を持って掛ける選手が多いですが（❶）
僕はなるべく肘の外側を持つ（❷）ようにしています」

 「肘の内側でもいいですが、相手の手の先が自由になり（❸）、握り返してきたり
（❹）、投げたとき手を着くことができてしまうので（❺）、やはり外側がいいと
思います。外側であれば、相手が手を動かそうとしても制することができます」

手のひらは上を向かせるようにすると

自分の脇も閉まってよい

59

Point

スネでふくらはぎを押す

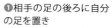

❶相手の足の後ろに自分
の足を置き
❷指さしているスネの部
分で
❸相手のふくらはぎを押
して崩し
❹倒す

❶足を置きに行った際
❷相手に足を抜かれ逃げ
られやすいので
❸爪先を上げ
❹スネで押して相手の脚
をロックし逃がさないよう
にする

[9]
小内刈り→小外刈り

構えから

少し相手を引き出しつつ
右足を軽く進め

奥足に小内刈りを飛ばし

相手の左足が

畳に戻り体重が乗った瞬間に
小外刈りを右足に掛け

倒す

👁 別角度からみたところ

構えから

少し右足を前に進め

奥足に小内刈りを飛ばし

相手の左足が

畳に戻り体重が乗った瞬間に小外刈りを右足に掛け

倒す

エアー実演

横から

※右足を少し前に送って小内刈りの予備動作

後ろから

※右足を少し前に送って小内刈りの予備動作

いったん奥足を払う

相手の体重がしっかり足に乗ったこの状態では

小内刈りは掛からない

なので相手を引っ張って前足に体重を移動させ

奥足を払い

奥足に重心を戻し前足が浮く瞬間を狙って

小外刈りを掛ける

Comment 「そのままでは掛からないので、体重移動を誘発し掛けます」

実技編②

相四つ
からの
足技

相四つ
からの
小内刈り

自分より背が小さい、あるいは重心の低い相手に有効となる。
相四つで相手の内側に掛ける技は多くないが、
ここから展開できるだけでなく、
一本も奪える、応用がきく幅の広い技でもある。

［10］
刈る小内刈り

構えから

左足を小さく送り

右足を相手の前足斜め前方へ

左足を飛ばして

足を刈り

倒す

👁 別角度からみたところ

構えから

左足を小さく踏み出し

右足を相手の前足斜め前に送り

左足を飛ばして

足を刈り

倒す

エアー実演

横から

逆側から

［11］
置く小内刈り

構えから

予備動作的に右足を小さく踏み、同時に左足を飛ばし

左足を相手の前足の後ろに置き

後方へ

倒す

👁 別角度からみたところ

①

構えから

②

右足を横へ小さく送り

③

左足を送って

④

相手の前足の後ろに置き

⑤

後方へ

⑥

倒す

エアー実演

横から ―――――――――――――――

逆側から ―――――――――――――――

Check!

［12］
手前に引く小内刈り

構えから

軸足（右足）を外に出し

左足で相手の左足をキャッチして

足を引き

倒す

👁 別角度からみたところ

構えから

右足を外側に出し

左足で相手の左足をキャッチして

そこから足を後方へ引き

倒す

エアー実演

横から

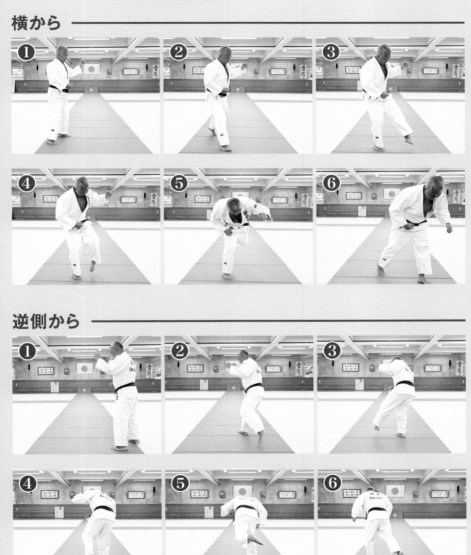

逆側から

75

Point

スネを押し当ててロックする

足の内側のアーチしている部分を
アキレス腱周辺に当て

スネも押し当ててしっかりロックする

そうすることで相手に
足を抜かれなくなる

しっかり足をロックして
相手に脚を抜かせず

そこから脚を後方に引き

倒す

足のロックを正面から見たところ

［13］
膝で押す小内刈り

構えから

右足を進め

左足を相手の前足の奥に置き

グッと膝で押して

倒す

👁 別角度からみたところ

構えから

右足を進め

左足を相手の前足の後ろに置き

グッと膝で押して

倒す

エアー実演

横から ━━━━━━━━━━━━━━━━━━━

逆側から ━━━━━━━━━━━━━━━━━━━

爪先を上に向け足に高さを出す

この技でもしっかりスネと足で相手の脚をキャッチするのがポイント

そこから膝でグッと押して

相手を倒していく

爪先は上に向けて足に高さを出す

そうすることで相手に脚を抜かれにくくなり、技が掛かりやすくなる

小内刈りのNG例

Comment 「小内刈りは相手の足が前に出ている相四つの方がやりやすいし、その分バリエーションも多いです」

一般的に足の裏で刈るイメージがあるがこれは誤り

爪先を横に向けた形で入れる

足の裏をつけるようにすると脚が曲がってしまい力が入らない

爪先を横に向けた形で足を入れると、脚が真っすぐ伸びて力も入る

足の裏を畳につけて刈る

❶ 足の裏を畳につけた状態で刈り足を入れ

❷ そこから手前に引く

81

相四つ
からの
支え釣り込み足

ケンカ四つの時と同様、逃げ腰あるいは
腰を引き防御姿勢の強い選手に対し効果的な技となる。
釣り手を殺され技が出しにくい時に、空間を打破するため使ってもよい。
相手との位置関係により相手の膝の上に
自分の足を当てるかたち(膝車)となる。

[14]
通常の支え釣り込み足

Check!

組んだ状態から

小さく腰を引き

続いて右足を大きく進め

体を回転させながら
左足を相手の脚に当て

回転させ

投げる

👁 別角度からみたところ

組んだ状態から　　　　　　右足を大きく進め　　　　　左足を相手の脚に当て

回していき

投げる

エアー実演

横から ─────────

逆側から ─────────

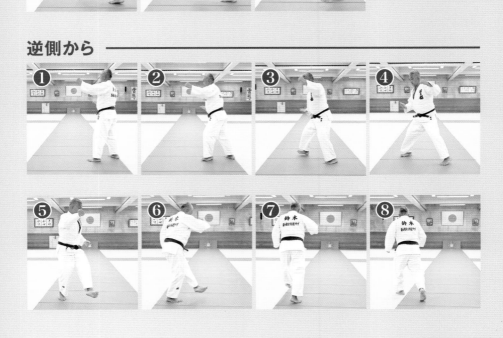

Check!

［15］
鈴木流支え釣り込み足

❶ 構えから

❷ 右足を大きく踏み込み

❸ 左足を相手の右膝上に伸ばし

❹ グルリと回して

❺

❻ 倒す

👁 別角度からみたところ

❶ 構えて

❷ 右足を大きく外へ踏み出し

❸ 左足を相手の右膝上に伸ばし

❹ グルリと回して

❺

❻

❼ 投げる

エアー実演

横から ━━━━━━━━━━━━━━━━━

逆側から ━━━━━━━━━━━━━━━━━

Point

足を膝上に置く

鈴木流では通常の支え釣り込み足に比べ　　　　足を膝上の高い位置に置く

足の置き場所は指差しているあたり　　　　相手の膝上に足の内側部分を当てる
（名称上の分類としては「膝車」に該当する）

あまり足の位置が高くても技の掛かりが悪くなるので　　膝の上を狙う

鈴木流支え釣り込み足の注意点

なるべく体を離して脚をしっかり伸ばす

脚が曲がると体軸に力が入らず技の威力も弱まるので注意する

相手の膝の上に足を的確に置き

引くことで相手は躓くように前方へ崩れる

脚を伸ばした状態が最も力を発揮できるので、自分の左足が届くギリギリのところに右足を置いて立つ

そこから相手を回し

倒していく

空間の打破

相四つでは互いに釣り手を
殺し合ってしまい技が出しにくい

そこから強引に
大外刈りなど技に行っても

防がれたり返されるリスクがある

そこで釣り手を張って
相手が保持している空間を

まず支え釣り込み足を掛けて

打破し

その上で

技を掛け

投げる

相四つ
からの
小外刈り

横移動が大きいためリスクを伴うが、
技の威力が高く相手を仕留めることができる。
鈴木がアテネ五輪決勝で金メダルを決めた技で、
大きい相手に対しても十分な威力がある。

[16]
3歩での小外刈り

構えから

右足を右側へ進め

続いて軽く跳んで

左足を同じ方向へ

そして右足で刈り

決める

👁 別角度からみたところ

❶

構えから

❷

右足を進め

❸

続いて軽く跳んで

❹

左足を送り

❺

右足で相手の左足を刈り

❻

❼

決める

エアー実演

横から

逆側から

Check!

［17］
小内刈り→小外刈り（出足払い）

① 構えから

② 右足を踏み込み

③ 左足で小内刈りを仕掛け

④ 浮いた足に

⑤ すかさず小外刈りを仕掛け

⑦ 倒す。浮いた出足を払うので分類上は「出足払い」となる

◉ 別角度からみたところ

❶ 構えから

❷ 右足を踏み込み

❸ 左足で相手の前足に
小内刈りを仕掛け

❹ 浮いた足に

❺ すかさず出足払いを仕掛け

❼ 倒す

97

エアー実演

横から ─────

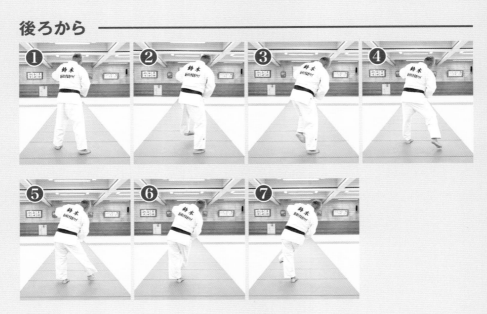

後ろから ─────

［18］
支え釣り込み足→小外刈り

❶ 構えから

❷ 右足を横に踏み出し

❸ 支え釣り込み足を掛け

❹ 崩れた相手に

❺ 小外刈りを

❻ 決め

❼ 倒す

Comment

「支え釣り込み足から
小外刈りへ、
体重の移動が重要です」

👁 別角度からみたところ

構えから

右足を横に踏み出し

支え釣り込み足を掛け

崩れた相手に

小外刈りを

決め

倒す

エアー実演

横から ────────────

逆側から ────────────

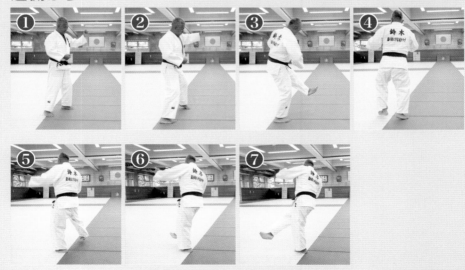

小外刈りの注意点

小外刈りもなるべく足の内側側面（指を当てている辺り）を用いる

脚を曲げ、足の裏をつけるようには
しない

相手の脚に横から当てるようにしても足を刈ることはできない

相手の脚に横からでなく、爪先の方向へ向けて刈る

相四つ
からの
特殊な小外刈り

最短で最強の技を掛ける意識で繰り出す。
非常に威力は高い技だが、
間合いが縮まる分リスクも高くなるため注意して掛ける。
リードされている時、勝負に出る技としても有効となる。

［19］
回り込んでの小外刈り

❶ 構えから

❷ 小さく跳ねて

❸ 左足を回り込ませ

❹ 小外刈りを掛け

❺

❻ 倒す

👁 別角度からみたところ

❶ 構えから

❷ 小さく跳ねて

❸ 相手の横側につき

❹ 小外刈りを掛け

❺

❻ 倒す

※軽量級でスピードのある相手には左足から2歩で直線的に入って素早く掛け、
重量級で脚の重い相手には右足から3歩で入り威力を増して掛ける

エアー実演

横から ──────────

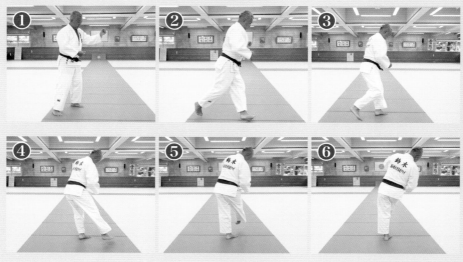

後ろから ──────────

［20］
ケンケン小外

構えから

右足を寄せ歩幅を調整し

小外刈りを相手の膝裏に仕掛け

脚を引き逃れようとする相手を

ケンケンしながら

追っていき

倒す

別角度からみたところ

❶ 構えから

❷ やや右足を寄せて左足を
出しやすいようにし

❸ 小外刈りを相手の膝裏に仕掛け

❹ 脚を引き逃れようとする相手を

❺ ケンケンしながら

❻ 追っていき

❼

❽ 倒す

エアー実演

横から

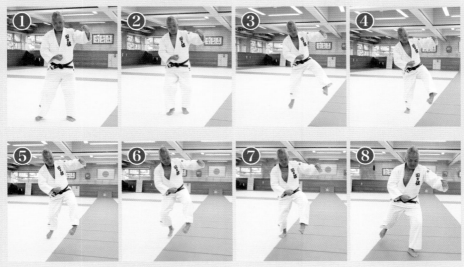

逆側から

ケンケン小外の注意点

① しっかり足を相手の膝裏に置き

② 折り曲げる

① 足を掛ける位置が低いと

② 相手に脚を引かれ逃げられてしまう

まず高い位置に足を置き

スライドして膝裏に落としてもよい

最初に足を置く位置が低いと、そこから膝裏に上げるのは難しい

[21]
二段小外

構えから

膝裏への小外を掛け

軽く跳ねて相手を追い掛け

着地するやすぐに

足への小外刈りを掛け

倒す

👁 別角度からみたところ

構えから

膝裏への小外を掛け

軽く跳ねて右足を寄せ

着地するやすぐに

足への小外刈りを掛け

倒す

エアー実演

横から ────────

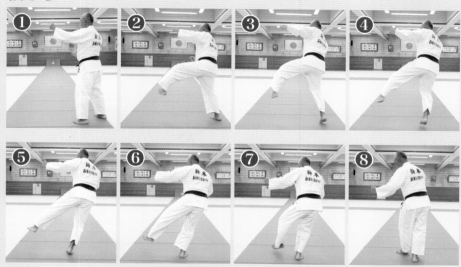

逆側から ────────

二段小外の注意点

相手の膝裏に小外を仕掛けて
膝を折り

相手に脚を引かせないようにして

歩を進め

続いて足への小外刈りを

仕掛ける

一度目の小外の位置が低いと

相手を止められないため注意する
（しっかり膝裏に掛ける）

［22］
小内刈り→小外刈り

構えから

右足を予備動作的に小さく進め

小内刈り

その勢いで前に出て

続いて小外刈りを仕掛け

倒す

👁 別角度からみたところ

① 構えから

② 右足を予備動作的に小さく進め

③ 小内刈り

④ その勢いで前に出て

⑤ 続いて小外刈りを仕掛け

⑥

⑦ 倒す

エアー実演

横から

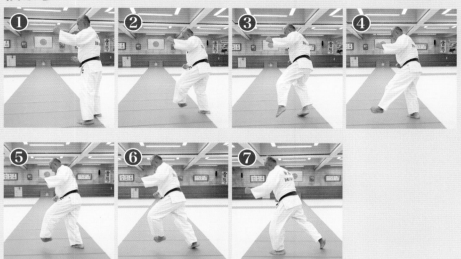

逆側から

小内刈りを掛けた後、前に出る

小内刈りを仕掛けても

相手にその場へ足を下ろされ

前に来られると次の技を
仕掛けられない

NG

小内刈りを仕掛け

前に出ていくと相手は
刈られた足を畳に戻す

体重は後ろになった左足に
移っていくので

軽くなった右足に小外刈りを仕掛け　倒していく

小内刈り→小外刈りを掛けるタイミング

小内から

NG

小外に繋げるが

タイミングが早く、相手の足が
畳を離れる前だと掛からない

小内を掛けられた相手が

後ろに引いていき

右足が畳を離れる瞬間を小外で狙
う。タイミングが早すぎてもダメだ
し、遅すぎても技が掛からない

Comment

「小内を仕掛けることで次の小外が掛かりやすい、重心が浮くタイミングを自分で作っていきます」

小内刈り→小外刈りの重心コントロール

相手の道着をしっかり持って重心を下げた状態

そこから重心を抜く(解放する)と
相手も同調して重心が上がる

❶これを利用して
❷まず重心を落とした状態で小内
刈りを仕掛け
❸その後で跳び上がり移動しなが
ら重心を抜き
❹同じく重心の抜けた相手に小外
刈りを
❺決める

❶重心を下げた状態から　❷軸足を移動する際に体重を解放すると　❸相手も重心が上がっており技が掛かる

Comment 「相手を待つのではなく
自分で技を掛けるタイミングを作るのがポイントです」

実技編❸

大技との連係・
足技の応用

Check!

［23］
小内刈り→内股

❶ 構えから

❷ 右足を小さく送って

❸ 相手の奥足に小内刈りを仕掛け

❹ そこから変化して

❺ 素早く内股に連係し

❻ 相手を跳ね上げ

❼

❽ 投げる

👁 別角度からみたところ

構えから

右足を小さく送って

相手の奥足に小内刈りを仕掛け

そこから変化して

素早く内股に連係し

相手を跳ね上げ

投げる

Comment

「ブラジルのシルバという重量級の選手をこの技で投げたことがあります。
160kgぐらいある大きな選手で、小内で崩して内股で一本勝ちしました。
軸足を崩す技はあまりないので、相手も警戒していなかったのだと思います」

エアー実演

横から

逆側から

［24］
右の小外刈り→大外刈り

①

構えから

②

予備動作として左足を小さく送り

③

右の小外を仕掛け

④

そこから素早く大外刈りに

⑤

連係し

⑥

⑦

投げる

👁 別角度からみたところ

構えから

左足を小さく前に送り

右の小外を仕掛け

そこから素早く大外刈りに

連係し

投げる

エアー実演

横から

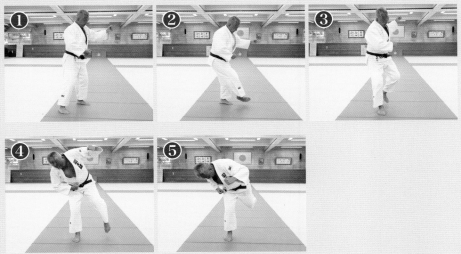

後ろから

Point

上がった足が畳に着くタイミングを狙う

この技は小外を掛け

上がった足にそのまま大外刈りを
掛けるのではなく

小外を掛けた足が

戻ってきて畳に着くタイミングを

狙う

自分の釣り手を殺してくる相手を

小外刈りで崩し

大外刈りに繋げる

 「これは重量級の選手や外国人に効きます。
足技から足技への連係はあまりイメージがない分
掛かりやすいところがあります」

［25］
大外刈り→足払い

ケンカ四つで組んだところから

相手の斜め側に

大外刈りを掛ける

こらえられたところで足を下ろし

右足を踏み込んで

足払いを掛け

倒す

👁 別角度からみたところ

ケンカ四つから

相手に大外刈りを掛け

こらえられたところで足を下ろし

右足を踏み込んで

足払いを掛け

倒す

エアー実演

横から

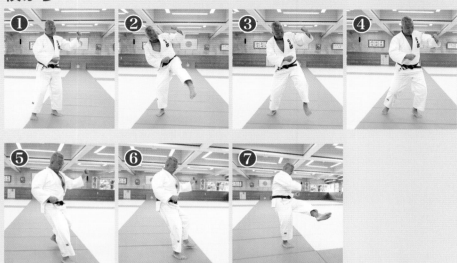

後ろから

相手の体重の戻りにタイミングを合わせる

大外刈りを掛けると相手はこらえるために体重が右側に乗る

受けた後で右側に乗っていた体重が左側に戻るので

それを追い掛け

重心が上がる瞬間をとらえ

足払いを掛ける

大外刈りの後

体重が左足へ移っていないのに足払いを掛けても決まらない

相手の体重の移動（戻り）にタイミングを合わせると上手く足を払える

［26］
内股→小内刈り

ケンカ四つから

相手に

内股を仕掛け

こらえられたところで

相手の軸足に小内刈りを飛ばし

倒す

👁 別角度からみたところ

ケンカ四つから

相手に

内股を仕掛け

こらえられたところで

相手の軸足に小内刈りを飛ばし

倒す

エアー実演

横から

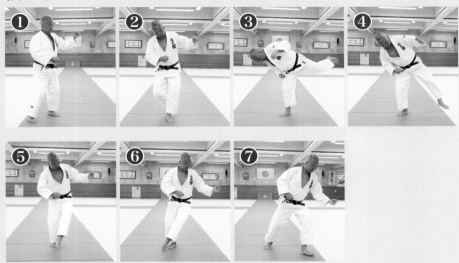

逆側から

［27］
背負い→小内刈り

実演：吉永慎也

❶ 相四つから

❷ 背負い投げを

❸ 仕掛けるも

❹ 相手にかわされ

❺ 向き合われる

❻ しかしすぐさま

❼ 小内刈りに入り

❽ 倒す

👁 別角度からみたところ

構えから

背負い投げに

入るも

相手にこらえられ

向き合う

しかしすぐ小内刈りに入り

倒す

エアー実演

横から ───────────────

後ろから ───────────────

Point

すぐに連続で攻める

背負い投げをかわされた後

すぐに連続で攻めることを意識して

小内刈りに入る

足は刈るというより相手の右足の後ろに置き

押し込み

倒す

Check!

［28］
燕返し

実演：吉永慎也

ケンカ四つの状態から

相手が自分の前足内側を払ってくる

それに合わせて自分も足を掛け

倒す

👁 別角度からみたところ

① ケンカ四つの状態から

② 相手が自分の前足に足を飛ばしけん制してくる

③ それに合わせて自分も足を掛け

④

⑤ 倒す

エアー実演

横から

逆側から

ふくらはぎで挟むイメージで

組んだ状態から

何気なく習慣的に足を飛ばし

けん制し合うことが多いので

相手が足を出して来た
ところを狙ってとらえる

相手が勢いよく出してきた脚を

自分のふくらはぎで挟むイメージ

143

［29］

実演：吉永慎也

意図的に手を着かせる足払い→寝技へ

① 相四つで向き合い離れた状態から

② 相手の片襟・片袖を取り

③ サイドにズレる

④ 同時に相手を引き出しながら足払いを仕掛け

⑤ 意図的に、相手に手を着かせ、四つ這い（亀）の体勢となったところを

⑥ 寝技に持ち込む

👁 別角度からみたところ

① 相四つで離れた状態から

② 片襟・片袖を取り

③ 横にズレる

④ 相手を前に引き出しつつ足を掛け

⑤

⑥ 倒れたところを寝技に持っていく

エアー実演

横から

逆側から

[30]
小内巻き込み

実演:成田泰崇

① 相四つで相手の前足が近い時に

② 胸をつけるように前へ出て

③ 小内刈りを仕掛け

④ 足を絡めて

⑤ 倒す

147

👁 別角度からみたところ

❶ 相四つで相手の前足が近い時に

❷ 胸をつけるように前へ出て

❸ 小内刈りを仕掛け

❹ 足を絡めて

❺ そのまま倒す

エアー実演

横から

後ろから

Point

脚を絡める

①通常の小内刈りでは

②相手の爪先の方向に足を刈るが

①この技の場合は威力を増すために脚を絡めて

②相手の脚ごと刈っていく

①脚を刈った後は

②右脚を自分の内もも方へ

③グーっと回すようにして

④倒す

[31]
場所による技術変化（場外際での戦略）

攻防の流れで

場外際に至り、相手を押し込む
プレッシャーを掛けると

相手は場外に出るのを避けるため

押し返して前に出てくる

そこを狙って足払いでとらえ

倒す

👁 別角度からみたところ

攻防の流れで

場外際に至り、相手を押し出す
空気を出すと

相手はそれを嫌がり

押し返して前に出てくる

そこを狙って足払いでとらえ

倒す

組み手の
技術・
練習法

［32］
組み手の技術

組み手の技術1

釣り手は❶で指差す鎖骨のあたりを持つのが道着を動かしやすく理想的

鎖骨の下の大胸筋に自分の拳が当たるように持つ

この握り位置から手首の角度を変えて
相手の道着を操作する

相手に掴まれ間合いを
詰められた場合

道着を上に上げて
相手の腕を伸ばさせ

そこから体をのけ反るようにして
掴みを切り間合いを取る

組み手の技術2

① 奥襟など深い位置を取られた時は、写真のように相手が腕を引きつけた状態では組み手が強いので

② 自分の左手を上に上げ

③ 相手の脇をあけ腕を伸ばさせ力を出させない

別角度からみたところ

① 深い位置を取られた時は

② 自分の手を上げ

③ 左腕を捻って相手の脇をあけさせ、引く力を発揮させない

155

❶理想的な持ち位置とは異なるが、柔道着の下の方を持つと
❷❸柔道着を大きく動かせるので
❹相手を操作することができる

❶自分より相手が大きい場合は鎖骨の位置も高くなるので、攻撃がしづらくなる
❷その場合は相手の鎖骨に合わせるのではなく、自分にとってスタンダードな位置で道着を持つ
❸そこから持つ手を上げる
❹そうすることで相手の腕を殺すことができる

❶道着を持った手を相手の懐から
❷解放して逃がすイメージ

大きい相手に鎖骨の位置で持つと
道着を動かすのが難しいので

その場合は手を少し下にズラし

そこから手を上に上げ相手を攻める

【組み手の技術3の実践法】

相手が襟の深い位置を持ち

頭を引き下げてくる

左手を相手の懐から上に上げ

腕を伸ばさせ組み手を切る

そのタイミングで技に入り

投げる

❶釣り手を持つと
❷相手がその手を両手で絞ってくる場合がある（外国人選手に多い）

❸この場合、手が2対1になっているので
❹釣り手を切られてしまう

❶そのため相手が持ちに来た左袖を右手で掴み
❷腕を上下に開くようにして切る
※この後は相手を引き寄せ、自分の攻撃をスムーズに行える

❸相手の手を切る時は拳を上に上げるのではなく
❹肘を上に引き上げると切りやすい

右手は無理に落とす必要はなく押さえておくイメージで

左肘だけ開けば相手の手は柔道着から離れる

右手で押さえ左肘を引く感覚で

❶ 相手が自分より小さい時には上から持つ場合がある

❷ その時には相手の釣り手をしっかり折る

❶ しかし引き手を持たせてくれない
状況が多いので

❷ その場合は両襟を持ち
攻撃を仕掛けていってもよい

❸ 引き手を持たれることもあるが

❹ 逆に引き手を持ち返してもよいし

❺ 両襟を持ったまま攻撃していってもよい
その場の状況・自分の得意技に応じた組み手から進めていく

組み手の技術6

相手が腰を引き、逃げ気味に展開してくる時は

両襟を取り、間合いを詰めて攻撃をしてもよい

自分よりも小さいが腰を引かず
しっかり立っている相手に対し

不用意に攻撃を仕掛けると

NG

逆に返されるリスクが大きい

そのため相手をしっかり崩してから

あるいは腰が引けているところに攻撃を掛ける

相手はしっかり立って
こちらの技を待ってい
るかもしれないので、
よく見て判断する

腰が折れていれば攻撃しても大丈夫

背が低くてもしっかり立って
いる場合は強く、攻撃すると
リスクが大きいので、相手
を崩してから入る

[33]
両襟を持った状態からの足技

腰の引けた相手の両襟をしっかり持ち

右足を進め

大外刈りを仕掛け

さらに右足を進め

投げ切る

※映像は160ページのNG（しっかり立っている相手に不用意に攻撃を仕掛け返される）と、161ページの足技が決まる流れ（腰が引けている相手への大外刈り）を連続で収録したものです。

Check!

👁 別角度からみたところ

腰の引けた相手の両襟を持ち

右足を進め

大外刈りを仕掛け

さらに右足を進め

投げ切る

腰の引けてない相手を

崩すことなく技に入ると

逆に

返されるリスクがあるので注意する

34

組み手争い

組み手争い1

まず自分が襟を持ち

相手が上から取ってこようとするのを
肩と肘を上げて阻止する

上から持てないと相手は腕を回して
下から取ろうとしてくるので

脇を締めてそれを阻止する

相手が再び上から取ろうと腕を回してくるので

そのタイミングで技に入る

 Comment 「技に入るタイミングを組み手争いから自分で作ることができます」

組み手争い2（実践法）

自分から釣り手を取っていき

それに対し相手が
上から取って来ようとするので

腕を張って阻止する

引き手を取り
プレッシャーを掛けていくと

相手が組み手を変え、
下から取ろうとしてくるので

脇を締めて防ぐと同時に

技へ入り

投げる

Check!

足技の養成法

感覚の養成1

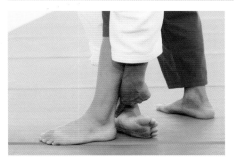

小内刈りなどの場合は相手のアキレス腱の湾曲に自分の足の内側を当てるのがポイントとなる

この当てるポイントを体得できれば小内刈りをはじめ様々な技に応用が可能となる

❶

まず自分の足の内側を

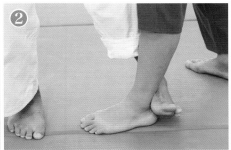

❷

相手の足の裏側に当て、一番引っ掛かる場所を相手にも聞きながら探り当てる

❶

自分の足がフィットする場所が分かったら、続いて足を飛ばした時にその場所に当てられるよう

❷

反復して

❸

練習する

❹

高くなったり違う場所に当てないよう注意する

感覚の養成2

足を正確に当てる
精度が上がってきたら

今度は

当てる力をつける練習を
していく

止まった状態からでなく動
きの中から相手の足を確
実にとらえられるよう練習
する

威力の養成ができたら、引っ掛けた後で
足をどちら(前・後・横)に持って行くか

自分の技を深め、得意技を作っていく

技が出来上がってきたら目をつぶったり

視界の無い状態で行い、
それでも正確にできるよう練習する

打ち込み１

① 構えたところから

② 歩を前に進め

③ 右足で足払い

④ 足を下ろし

⑤ 続いて左足で足払い

⑥ 足を下ろし

⑦ 再び右足で足払い

⑧ 足を下ろし続けていく

打ち込み2

① 相手と組まずに1人でも

② 足払いをしながら

③ 歩を進め

④ 足払いの

⑤ 練習をすることが

⑥ できる

打ち込み3

構えからバックステップするように体を回して足払いをする

打ち込み4

構えから

相手の前進に合わせ

足を払う

体勢を戻し

再び前に来た相手に足払いする

相手が進めてくる足に

足払いしながら

下がっていく

足技のシャドー柔道

① 構えから

② 支え釣り込み足を掛け

③ そこから連係して

④ 大外刈り

① 大きい相手を想定して構え

② 小内刈りに入り

③ 倒す

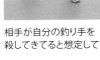
① 相手が自分の釣り手を
殺してきてると想定して

② 足払いから

③ 大技の

④ 大外刈りに連係する

171

ボールを使った練習法

自分が足払いで一番当てたい
場所（くるぶしより下の部分）で

ボールをとらえる練習をする

自分が当てたいポイントに確実に当てられるか、ボールを使って練習する。
足技には威力も大切なので「なるべく強く、真っすぐ蹴る」

真っすぐ蹴っていないとボールが斜めに行ってしまう

 「相手の爪先の方向に投げるのが足技なので、
相手の足を真っすぐ前に出させないといけません。
斜めでは掛からないので、真っすぐ蹴ります」

相手が正面に立っていると想定して

横に回り込んで

足払いをするように蹴る練習もある

※動きながらでも真っすぐボールを蹴れるようにする

2人組になり

相手が蹴ってきたボールを

ダイレクトに蹴り返す

足技のミート・威力・タイミングを養う練習になる。壁当てで一人で行ってもよい

おわりに

　今回、このように本を執筆したことは、改めて自分の足技を見直す機会になりました。そこで思ったのは"やっぱり足技って便利だな"ということです。

　現代の柔道界においては、内股・大外刈り・払い腰に背負い投げ……そういったダイナミックな技が主軸となっていますが、この本で紹介した足技を使える選手が増えると、さらに柔道の幅が広がるのではないかと思います。

　どうしても豪快な投げ技に目が行きがちですが、逆にいえば、足技をメインにする選手はそんなに多くないので、対策も十分には研究されていません。ですので、足技を徹底して練習している選手にはチャンスが多く生まれてくると思います。

　足技を自信を持って教えることができる人が多くない現状もあります。現役時代にやっていなかった人が多いと思うので、そうなるといざ指導者になった時も教えることができず、結局下の世代にも伝わらない……という悪循環が生まれているのではないでしょうか。ですので、この本をきっかけに、多くの人に足技を研究・勉強してもらえればと思います。

　スタンダードな足技ができる人はいますが、私がこの本で披露した「自分の足のどこを使うのか」「相手の足のどこに当てるのか」といった細かいところまでを分かっている人は少ないと思います。その部分に関して、私はプライドを持って取り組んできましたし、足技に対する技術的な理解の深さについては、自負するところがあります。

足技はまだまだ重要視されていませんが、足技を覚えることは、勝利を引き寄せるための近道となります。怪我のリスクが少ない面もあり、足技を覚えておくことは大切だと、今回の執筆を通じ、改めて認識しました。

　これは足技だけに限りませんが、技を身につけるにはやはり反復、繰り返しです。特に足技は感覚が担う部分が大きい作業なので、"自分の足のこの辺に当たっているな"といった感覚を身につけるためにはとことん反復練習をするしかないと思います。

　まずはこの本で"ここら辺に当てるんだ"ということを理解し、そのことを頭に入れて、実際の行動に移すこと。この本で紹介した"ロックをする""相手の足をキャッチする"という感覚を理解できれば、足技を身につけるのはそんなに難しいことではないはずです。

　この本に載っているのはあくまで私が編み出した足技です。これにさらに改良を重ね自分のオリジナルができると、もっともっと足技が楽しくなるでしょうから、この本を手にした方には、常に成長というものを心掛けていただきたいと思います。

　この本に掲載された内容が、足技のすべてではありません。あくまでこの書籍で表現したのは鈴木桂治の答えであって、もっといくつも……何万通りもの答えがあるはずなので、みなさんそれぞれの答えを見つけてほしいです。私自身も答えを探す過程をとても楽しく感じてきました。この書籍を手に取ったみなさんに、足技を研究し、その技量を高めることの面白さを感じていただけたなら、とても嬉しく思います。

2023年12月　鈴木桂治

世界初の柔道の"足技"だけの動画(QRコード)でよくわかる! 教科書

2023年12月29日　第1版第1刷発行

著　者　鈴木桂治
発行人　池田哲雄
発行所　株式会社ベースボール・マガジン社
　　　　〒103-8482
　　　　東京都中央区日本橋浜町2-61-9 TIE浜町ビル
　　　　電話 03-5643-3930(販売部)
　　　　　　　03-5643-3885(出版部)
　　　　振替 00180-6-46620
　　　　https://www.bbm-japan.com/

印刷・製本　共同印刷株式会社